Einfach
natürlich
dekorieren

Einfach
natürlich
dekorieren
Ein Spaziergang durch die Jahreszeiten
Conny Scheck
land
Leben

Inhalt

für Herman – danke für deine Geduld

Die neue Natürlichkeit – ein Lebens-gefühl

Genau hinsehen

Etwas überrascht war ich schon, als der Verlag mich mit der interessanten Aufgabe betraute, ein Ideenbuch über Dekorationen inspiriert durch die Natur zu planen – schließlich gibt es schon eine umwerfend bunte Mischung von kunstvoll inszenierten Zeitschriften und Büchern über Einrichtungsstile und dekoratives Gestalten.

Wer kennt sie nicht, die so beliebten Wohn-, Koch- und Lifestyleprogramme im Fernsehen, das reichhaltige Angebot in den Show-Räumen der Möbelgiganten? Natürlich blättern auch wir gerne in den schicken Hochglanzmagazinen, staunend lassen wir uns in ihre luxuriöse Welt der allerneuesten, oft kurzlebigen Trends entführen, und vielleicht auch zum Kauf ihrer erlesenen Wohn und Gartenträume verführen – die Auswahl an Accessoires, die unseren persönlichen Lebensraum schöner machen, ist riesig, eine Steigerung ist kaum möglich.

Kind sein, in der warmen Hand ein Sträußchen mit Gänseblümchen – wo sind nur unsere strahlenden Kinderaugen, die jeden Tag die Welt entdeckten, geblieben ... haben wir den natürlichen Blick für die Schönheiten in unserer unmittelbaren Umgebung, das Naheliegende etwa schon verloren?

Luxus und Überfluss führen bekanntlich auch irgendwann zu Überdruss, und vielleicht gerade deshalb erkennen wir seit einiger Zeit einen Trend zur „neuen Bescheidenheit“ – wir sind auf dem besten Weg, den überwältigenden Reichtum der Natur neu zu entdecken.

Natur – ihre umwerfende Schönheit erschließt sich nicht nur dem schnelllebigen und konsumverwöhnten Stadtmenschen oft erst auf den zweiten Blick, sondern auch denen, die sich, wie ich, für ein beschaulicheres Leben auf dem Lande entschieden haben. Es macht Spaß und es ist sehr befriedigend, wieder zu lernen, mit wachen Augen ganz genau hinzuschauen – wir werden dafür reich beschenkt!

Während der Arbeit an diesem Buch habe ich am Wald- und Wegesrand, im eigenen Garten und auf Wochen- und Bauernmärkten – also ganz in der Nähe – viel Schönes, Interessantes und Brauchbares gepflückt, gesammelt und gefunden. Ja, ich habe bei meinem Spaziergang durch die Jahreszeiten nicht nur meine eigene Umgebung wieder neu entdeckt, ich habe besonders gerne bei ganz alltäglichen Tätigkeiten, wie Kochen, Tischdecken und Essen, begeistert erkannt, dass es ein wahrer Hochgenuss ist, genau hinzusehen und auf die Schönheit der Zutaten zu achten. Nicht nur verschwenderisch blühende Blumen, auch pralles Obst und bunte Gemüse sind ein sehr dekoratives Stück Natur!

Belohnt wurde meine Suche nach den vermeintlich eher unscheinbaren Schätzen der Natur durch unzählig viele Glücksmomente, denn auch ich hatte meine Freude an der Schönheit der kleinen Dingen des Lebens schon beinahe vergessen – es müssen nicht immer die großen Inszenierungen sein, die unser Leben bereichern.

Ich danke dem Verlag für die schöne Aufgabe und die spannende Herausforderung, wieder genauer hinzuschauen und Ihnen, als Leser, überraschend einfache Anregungen für natürliche Dekorationen zu geben. Vielleicht lassen Sie sich durch meine Begeisterung anstecken und inspirieren, ich nehme Sie gerne mit zu meinem Spaziergang durch die Jahreszeiten, es macht Spaß die reichgefüllte Schatzkiste von Mutter Natur zu erkunden, ihr Angebot ist reichhaltig und zudem preiswert – ihre Vorstellung ist bühnenreif.

Wer weiß, vielleicht werden ja auch Sie bald stolz und mit strahlenden Kinderaugen Ihre ganz persönlichen Fundstücke – duftende Blüten, stachelige Beeren, knorrige Äste und interessant gezeichnete Steine, eine zarte Feder – mit nachhause tragen, um sie in schlichten Gläsern und Flaschen, irdenen Krügen oder in Großmutters verschnörkelter Vase vom Flohmarkt einfach und ganz ungezwungen zu einem kleinen Kunstwerk zu arrangieren. Der Phantasie sind keine Grenzen gesetzt – bestimmt wird es Ihnen spielerisch einfach gelingen, einige meiner Anregungen perfekt passend zu Ihrem ganz individuellen Wohn- und Lebensstil zu variieren und somit die Schönheit der Natur für ihre eigene Ästhetik zu nutzen.

Egal, wie und wo wir wohnen, was wir am liebsten trinken und essen, welche Formen, Farben und Materialien wir bevorzugen – natürliche Attribute verleihen unserem Zuhause „Persönlichkeit“, sie sind Ausdruck eines ganz besonderen Lebensgefühls.

Blumen gekonnt inszenieren

Zartrosa, lachsfarbene, zitronengelbe, aquamarinblaue, weiße oder tiefrote Blüten – wir haben die Qual der Wahl! Gebinde aus Blumen, Knospen, Blättern und Zweigen sind Dekorationen, die das ganze Jahr über fesselnd sind. Eine große Auswahl finden wir auch außerhalb der Saison beim Blumenhändler, am natürlichsten wirken Blumenarrangements jedoch, wenn wir verwenden was in der jeweiligen Jahreszeit auch in der Natur vorhanden ist. Im Frühling sind es die ersten zarten Blümchen, im Sommer wird es üppig und bunt, im Herbst dürfen die Sträuße opulent sein, bevor uns der Winter eher zurückhaltende Arrangements mit getrockneten Zutaten und stilisierten Elementen als schmückendes Beiwerk bringt.

Blumen brauchen natürlich Wasser, und eine Vase kann alles sein, was ein Behältnis ist, in das wir Wasser füllen können. Für ausladende Sträuße sind Krüge, Kannen und der obligatorische silberne Champagnerkühler sehr beliebt, für kleine, feine darf es aber auch gerne eine altmodische Teekanne oder eine schön geschwungene Kaffeetasse sein. Wie wäe es mit einer verbeulten Zinkwanne oder ein paar besonders formschönen Weinflaschen? Auch ganz simple Wassergläser können überraschend edel wirken – Improvisieren heißt hier die Devise, der Phantasie sind keine Grenzen gesetzt.

Eine natürliche Dekoration ist erst dann gelungen, wenn sie so zufällig wirkt, dass sie eigentlich gar keine mehr ist – ein störrischer Stängel fällt am schönsten, wenn er fällt, wie er fällt. Und wer weiß ... vielleicht lassen Sie ja die zartrosa Blätter, die beim lockeren Binden der Rosen abgefallen sind, beim nächsten Mal auch einfach liegen!

Natürliche Oberflächen und Strukturen

Patina, die wie von der Natur einfach hingemalt wirkt: eine grob verputzte, in müden Pastelltönen gestrichene Wand, die stellenweise das Mauerwerk wieder frei gibt, ein Terracotta-Kübel mit malerischem Moosansatz – natürliche Dekorationen vertragen sich mit unverfälschten Oberflächen am besten. Verwitterter Stein, warmes Holz oder grobes Leinen sind eine neutrale Basis – verblichene, matte Töne wirken als Hintergrund des Arrangements meist am schönsten.

Harmonie der Farben

Schlichte, ruhige Hintergründe versinken, wenn sie durch laute, vordergründige Farben übertönt werden. Dennoch können auch kräftige Farben durchaus unverfälscht wirken, denn auch in der freien Natur sind sie eine ganz selbstverständliche natürliche „Kulisse". Der blaue Himmel, die grüne Wiese, ein sattgelbes Rapsfeld – wir haben die klaren Farben der Natur sogar in unseren alltägliche Sprachgebrauch integriert: himmelblau, grasgrün, sonnengelb, feuerrot, schneeweiß ...

Die Natur besitzt ein riesiges Farbspektrum, das in direktem Zusammenhang mit der jeweiligen Jahreszeit steht: winterweiß, frühlingsgrün, novembergrau. Farbigkeit ist oft auch durch eine bestimmte Landschaft inspiriert – stellen wir uns ein Lavendelfeld der Provence vor, und wir haben sofort einen ganz eindeutigen Begriff des lavendelfarbenen Farbtons.

Bei der Farbgebung eines Arrangements ist daher Sensibilität geboten: Während stille Farben eher Ruhe und Eleganz verbreiten, betonen kräftige Farben seine anregende Wirkung und vermitteln Lebensfreude und Leuchtkraft. Allerdings sollten Farbe und Material perfekt aufeinander abgestimmt sein – eine gewagte Komposition ist nur ausgewogen und schön, wenn die kräftigen Farben harmonieren.

Brocante – geliebter Trödel

Für die leidenschaftlichen Sammler unter uns sind Flohmärkte eine fast unerschöpfliche Fundgrube. Kannen, Flaschen, Gläser, Schalen, Körbe, eine schon oft gestrichene Konsole, deren Lackschichten malerisch abblättern – die Schätze aus Großmutters Zeit müssen nicht unbedingt antik und kostbar sein.

Weggegebene Dinge des täglichen Bedarfs, ein schon etwas mitgenommener Keramikkrug, die altmodische Teekanne mit Goldrand, bauchige Karaffen und filigrane Gläser werden zu charmanten Blumenvasen umfunktioniert – vielleicht rückt der neu erstandene, schon erblindete Spiegel bald wirkungsvoll ein zeitlos schönes Stillleben oder ein nonchalant gestecktes Rosenarrangement in ein raffiniertes Licht.

Ertrödeltes atmet den Charme von früher, und doch kann es als harmonischer Begleiter gekonnter Kombinationen von Zweigen, Steinen, Muscheln und Blüten überraschend frisch wirken – vielleicht sogar als wohltuender Kontrast zu makellosem Design.

Erlaubt ist, was gefällt. Es lohnt sich, die preiswerten Requisiten wieder neu zu entdecken – und wer weiß, was sich zuhause in Schränken, Kommoden, im Keller und auf dem Speicher alles an Brauchbarem findet – eine sehr persönliche und naheliegende Art von „Recycling“.

Die *Lady* lässt bitten

Einladung zum Hightea

Meine Freundin Thekla ... nein, ein Schloss hat sie nicht, eine echte Lady ist sie schon – ihr verschwiegenes Paradies liegt am Stadtrand, inmitten von Schrebergärten ... das passt zu ihr, sie ist eine unkonventionelle, weitgereiste und äußerst lebenskluge Frau, eine extravagante Lebenskünstlerin.

In ihrem geheimnisvoll märchenhaften Reich regiert sie über ein Haus voller Stillleben – frech, unbekümmert und gekonnt kombiniert sie geerbte Antiquitäten mit modernen Möbeln, Wertvolles mit Ertrödeltem, Kunst mit einem Hauch von liebenswertem Kitsch – gewagte Kombinationen, die Seele haben.

Am Eingangstor zu ihrem parkähnlichen Garten gibt es keine Klingel, Hundegebell kündigt unseren Besuch an – die Gastgeberin im knöchellangen Rock eilt uns entgegen und begrüßt uns mit ihrem herzlichen Lachen, sie kann den großen Schlüssel, den sie in einem ihrer vielen Rosenkörbe versteckt, wie immer nicht finden ...

Ihre Spezialität sind erfrischend unkompliziert arrangierte Blumensträuße ein paar betörend duftende Rosen, die unangefochtenen Königinnen unter den Blumen, sind immer mit dabei !

Eine kleine Teegeschichte

Der ‚four o'clock-tea' ist natürlich eine englische Erfindung, den Briten ist diese Stunde heilig. Eingeführt hat dieses unumstößliche Ritual Anna, die Herzogin von Bedford.

Wir befinden uns im 19. Jahrhundert, in dieser Zeit wurde in den adeligen Haushalten schon sehr früh zu Mittag gespeist – das Abendmahl wurde allerdings erst ziemlich spät serviert ... am Nachmittag, so gegen vier Uhr verspürte Lady Anna leichten Hunger. Da sie nicht bis zum Abend warten wollte, zog sie sich in ihr elegantes Boudoir zurück und bat ihre Zofe, ihr etwas süßes Brot mit Butter oder ein leckeres Törtchen und eine Tasse Tee zu bringen.

Auch die anderen adeligen Damen waren hungrig, und folgten ihrem Vorbild. Aus einer Tasse Tee wurde schnell ein gemeinsam zelebriertes, chices Ritual – der Hightea – zu dem jede Lady von Stand ihre Freundinnen so gegen vier Uhr gerne bat. Die schönsten Silberkannen wurden aus dem Schrank geholt, der Tee wurde in hauchdünnen Tässchen aus chinesischem Porzellan serviert – dazu reichte man 'scones, marmelade und clotted cream'. Süße Naschereien und luxuriöse Sandwiches wurden malerisch auf edlen Etageren drapiert.

Bei schönem Wetter lustwandelte die adelige Gesellschaft durch den Park, bewunderte den Rosengarten und bestaunte edle 'Sirs' auf hohen Sockeln, für ewig in Stein gehauen – danach nahm man etwas erschöpft in ausladenden Korb - sesseln Platz, und genoss zufrieden die wohlverdiente 'cup of tea' !

Bald übernahmen auch die weniger blaublütigen Ladys das köstliche Ritual, und daran hat unsere Gastgeberin heute wohl gedacht !

Für ihre selbstgemachten Liköre ist sie berühmt.

Thekla liebt Rosen und Hortensien über alles, deshalb hat sie sich schon vor vielen Jahren einen kleinen verschnörkelten Pavillon aus Eisen bauen lassen – ein bezaubernder Thron mitten im Rosengarten.

Dorthin jongliert sie an diesem herrlichen Altweibersommertag auf einem mit Rosenblättern bestreuten silbernen Tablett den Aperitif, einen dunkelroten, selbstgemachten Berenlikör in edlen Gläsern.
Einige der dickbauchigen Karaffen hat Thekla kurzentschlossen zu standfesten Vasen für die schweren Rosenköpfe umfunktioniert, der Spiegel – vom Flohmarkt – verstärkt die Wirkung .

Schon am frühen Morgen hat unsere Gastgeberin mit Gartenschere und einem großen Rosenkorb einen Streifzug durch ihren spätsommerlichen Dornröschengarten unternommen – eine gepflegte Wildnis mit von Efeu überrankten Mauern und Rosenhecken. Nach Herzenslust schneidet und pflückt sie Blüten, Äpfel, Beeren, wilde Rosen – sie sammelt alles, was sie in dieser Jahreszeit an Interessantem findet.

Schöner Empfang

Die Eingangshalle wirkt durch die Strohhut-Sammlung – eine echte Lady geht nie ohne Hut – immer sonnig und einladend. Ein bisschen fühlen wir uns, als ob wir für ein paar Stunden im Urlaub sind !
Ganz ladylike sind auch die feinen Schuhe, praktisch und einfach der schnell improvisierte Türstopper ...

Ein Haus voller Stillleben

Fast 25 Jahre Sammelleidenschaft haben schon manchen Trend überdauert, an Modischem hat sich die Dame des Hauses noch nie orientiert – mit viel Mut und Phantasie hat sie sich ihren eigenwilligen Lebenstraum geschaffen, alle Räume prägt ihre unverwechselbare Handschrift.

Hier treffen edle Antiquitäten auf charmanten Brocante – es wirkt erfrischend, wenn Patina und Modernes sich vermischen. Oft sind es die feinen Akzente, die einem Haus Charakter geben – liebevoll zusammengestellte Stillleben, eine höchstpersönliche Sammlung. Dekorationen sollten nie gekünstelt sein, sondern sich ganz selbstverständlich in das Interieur ein - fügen – einfach „natürlich" wirken, auch die Natur ist nie aufdringlich.
Theklas bemerkenswerte Welt hat Seele, sie lebt – ihre Inspirationsquelle ist ihre Liebe zur Natur!

Alte Fotos, besondere Ansichts- oder Eintrittskarten sind liebenswert, wirklich zu schade, um sie in einer Schublade verschwinden zu lassen – sie bekommen einen Ehrenplatz auf einer alten Kommode.

Lebensart

Duftige Rosen, Federn, Herzsteine, Kugeln, Lieblingsbücher, eine Einladung zur Vernissage und die vielbenutzten Skizzierblöcke aus handgeschöpftem Papier geben sich auf Theklas Schreibtisch ein unkompliziertes Stelldichein.

Patina

Nicht nur die sich allmählich von hellblau in zartgrün verfärbenden Hortensien gewinnen an Schönheit, auch die Gebrauchsspuren der schlichten Flaschen könnten bestimmt viele Geschichten erzählen. Die vom Meer ausgewaschenen Muscheln hat Thekla von einer ihrer vielen Reisen mitgebracht.

Four o'clock,
der Tee ist angerichtet

Da die späten Nachmittage im September schon kühler sind, wird der Hightea im Salon serviert.

Der Salon – elegant, raffiniert und nostalgisch – ist ein Fest für die Sinne, hier hat Thekla mit leichter Hand ertrödelte Kostbarkeiten, Edles und Kitsch zusammen mit vielen Fundstücken aus der Natur zu einem umwerfenden Gesamtkunstwerk zusammengefügt – wir befinden uns in der Schatzkammer ihres traumhaften Zuhauses.

Nicht nur der imposante Flügel, sondern vor allem die genial einfachen Arrangements beindrucken in diesem eleganten Raum, er hat urbanes Flair und bleibt doch eine herzerfrischende Landhausidylle ... schön, wenn man beides kombinieren kann.

Rosen und Rosenkohl gehören zusammen. Ganz naheliegend und doch raffiniert – der üppige Strauß auf dem Flügel besticht durch diese über - raschende Verbindung.

Sherry –
Rosen –
likör

Es ist Altweibersommer

Die Küche mit der schön geschwungenen Doppeltüre zum Garten ist das Herzstück des Hauses – für unsere begnadete Köchin ist dies vielleicht der schönste Treffpunkt der Welt. Das können wir übrigens ganz wörtlich nehmen, denn am riesigen Küchentisch wurde schon ungezählte Nächte lang in vielen Sprachen heftig diskutiert, und dabei natürlich auch so manches Gläschen Rotwein geleert.

Ein gemütlicher Ort, der lebt ... hier wird gekocht, geschnippelt, stapelweise Zeitungen gelesen und mit Überraschungsgästen ein schneller Espresso getrunken. Am nostalgischen Spülstein werden Gemüse geputzt und Blumen, Früchte und Beeren zu kleinen Kunstwerken gebunden – natürlich kann es in Theklas heißgeliebtem Refugium einfach nie ganz aufgeräumt aussehen.

Abschied vom Sommer

Das bunte Finale

Die lauen Sommerabende sind endgültig vorbei, und doch können wir noch ein paar warme Sonnentage im Freien genießen. Die Natur überschüttet uns zum letzten Mal mit ihren farbenprächtigen Schätzen – Blüten, Beeren und Früchte in Hülle und Fülle.

Eine Explosion von Goldgelb, flammendem Orange, Purpur, und Blutrot: es ist Indian Summer – das letzte imposante Feuerwerk intensiv leuchtender Farben, bevor die Bäume ihre Blätter verlieren.

Bald werden wir die Fenster schließen, drinnen legen wir die wollig warme Kuscheldecke auf dem Sofa bereit, denn dann wird nicht mehr Balkon oder Garten, sondern das Wohnzimmer unser Lebensmittelpunkt sein. Etwas wehmütig zünden wir Kerzen und ein heimeliges Kaminfeuer an.

Es ist Herbst, jetzt müssen wir den Sommer gehen lassen!

Starke Farben

Karminrot, Fuchsia, Zinnober, Zitronengelb und Pink – dazu das satte Orange der Kürbisse. Von der Sonne verwöhnt – das strahlende Oktoberlicht bringt die Farben zum Leuchten.

Juwelen
vom Wegesrand

Wer am Wegesrand sucht, sammelt und pflückt, hat im Nu genügend dekorative Schätze gefunden. Blauschwarze Ligusterbeeren, das helle Rot der Kardinalsmütze und tiefrotes Herbstlaub brauchen keine auffallenden Extras – zusammen mit Hagebutten und silbrigem Grün aus dem Garten werden sie dichtgebündelt auf einen Strohkranz gebunden.
Auch wilde Brombeeren, Pfaffenhütchen und ein paar Efeuranken lassen sich ganz einfach locker zu einem Beerenkranz schlingen.

So schmeckt der

Herbst

Hagebutten, Quitten, Äpfel sind voller Vitamine – wir verkochen sie zu exotischen Chutneys, köstlichen Marmeladen und gesunden Säften. Herbststräußen geben sie einen ganz besonderen Akzent.

Warum nicht ein spontan improvisiertes Herbstpicknick auf der Terrasse? Wir wollen heute noch jeden Strahl der schon tiefer stehenden Nachmittagssonne einfangen und in vollen Zügen genießen. Die Küche wird zur Brücke zwischen Herbst und Sommer – gekocht wird drinnen, aber da die Temperatur es zulässt, essen wir heute noch einmal draußen.

Schönes Detail: Ein kleiner Kürbis als Tischkarte. Die Blätter hat der Wind gerade eben auf den Tisch geweht ...

Birne in Rotwein

Birnen schälen und mit Zitronensaft beträufeln. Portwein mit etwas Zucker, Orangensaft, einer Zimtstange und einer Gewürznelke zum Kochen bringen – die Birnen darin etwa 15 Minuten ziehen lassen, bis sie dunkelrot durchtränkt sind. Dazu passt hervorragend eine mit etwas Zitronensaft und Honig verrührte Ziegenkäsecreme, und natürlich ein Glas Port!

Nebelgraue Herbstimpressionen

Was vom Sommer blieb …

Nebelgraue Spätherbsttage, Schmuddelwetter – zwischendurch noch ein paar schüchterne Sonnenstrahlen, sie sind nicht mehr warm genug, um uns zu verführen noch ein Viertelstündchen draußen zu sitzen. Egal, die Gartenmöbel wurden bereits im Geräteschuppen verstaut, und auch die empfindlichen Kübelpflanzen haben inzwischen ihr warmes Winterquartier bezogen – nur die altrosafarbenen Dolden einer geschützt stehenden Hortensie und eine tapfere Kletterrose trotzen noch Wind und Wetter.

Der Gärtner aus Leidenschaft lässt sich von ein paar Regentropfen doch die gute Laune nicht verderben. Solange der große Frost noch auf sich warten lässt, zieht er unbeirrt Arbeitshandschuhe und einen dicken Pullover an. Der widerspenstige Blauregen an der Hauswand wird noch schnell zurückgeschnitten und der Knöterich wird gleich ein paar Meter gestutzt. Die alte Mauer ist malerisch von Efeu überwuchert, auch er nimmt allmählich überhand … ein Berg von Ranken, Zweigen, Ästen füllt die Schubkarre!

Das Gewächshaus ist leer, aber immer noch können wir auf dem Komposthaufen späte Kürbisse ernten.

Wirsing, Rotkohl, Lauch, Sellerie, Wintermöhren, Weißkraut und Steckrüben – pünktlich zu Beginn der kalten Jahreszeit steht auf dem Speisezettel von Mutter Natur ein reichhaltiges Angebot an Wintergemüse, ideal für deftige Eintöpfe und voll gesunder Vitamine.

Was gibt es nach der Arbeit im Garten Herrlicheres, als den Deckel einer dampfenden Terrine hochzuheben? Gemüseeintopf, dazu deftiges Bauernbrot – frische Luft macht schließlich hungrig.

Warme Lichter

Im Schein eines Windlichts haben wir so manchen lauen Sommertag ausklingen lassen, jetzt im November schaffen uns die natürlich-schlicht und bald festlich geschmückten Gläser Behaglichkeit und Vorfreude auf gemütliche Weihnachtstage.

Als ob tausend orangerote Lichtlein funkeln – Lampionblumen, nonchalant in den Basiskranz gesteckt, strahlen mit den schlichten Windlichtern um die Wette.

Birnen statt Blüten

Die Zeit üppigen Blumensträuße ist längst vorbei – zu diesem Arrangement ließ ich mich durch Zutaten verführen, die mir bei Aufräumarbeiten im Garten ganz zufällig in die Finger kamen: ein riesiger Terracottakübel, Ligusterbeeren, ein bisschen Koniferengrün, große und kleine Birnen und rotbackige Äpfel – dazu passt das herbstlich verfärbte Blatt der Bergenien perfekt, es hat sich jetzt im November in eine errötende Naturschönheit verwandelt!

Rotkraut und die letzten Rosen

November – in der Küche duftet es nach Rotkraut, Äpfeln, Lorbeer, Nelken – die traditionelle Beilage zur Martinsgans oder einem köstlichen Wildbraten – ein winterlicher Hochgenuss. Die ausgefallene, herzerfrischend unkomplizierte Dekoration der ländlich edel gedeckten Tafel wurde ganz unorthodox aus den Zutaten des Festtagsmenüs improvisiert. In verschnörkelten Zinnschalen werden blaue Trauben, Knoblauch, rote Zwiebeln und die letzten Hortensien und Rosen auf einem großen Rotkohlblatt ganz locker arrangiert – wer mag, legt noch ein paar farblich passende Äpfel dazu. Silbrige Grautöne, eine edle Leinendecke, grau wie Nebelwolken, unterstreichen das festliche Ambiente – der karierte, farblich perfekt passende Vorhang gibt der Inszenierung einen wohltuend ländlichen Charakter.

Blickfang

Ein schnell gezauberter Kranz aus Wirsingblättern – sie sind im Handumdrehen auf einen vorgefertigten Strohkranz gebunden. Wem es gefällt, der steckt ein paar Rosenkohlröschen dazu.

Winterzeit ist Weihnachtszeit

Kindheitserinnerungen

Ein Dezembermorgen – große, staunende Kinderaugen, in der Nacht ist der erste Schnee gefallen. Aufgeregt werden Stiefel, Mützen und die dicken Handschuhe angezogen, pappige Schneebälle geworfen. Es ist eisig kalt, doch die Kleinen frieren nicht. Ausgelassen toben sie im Schneegestöber, sie haben hochrote Wangen.

Rote Wangen haben auch die Äpfel, die heute Nacht vom Schnee überrascht wurden – ein malerischer Zufall. Ich hatte gestern den Korb nur schnell abgestellt und dann vergessen – trotz strengen Frosts lasse ich die winterliche Idylle auf der Fensterbank noch ein Weilchen stehen und zünde in der schon früh einfallenden Dämmerung extra dicke Kerzen an. Ein stimmungsvoller Beginn der Weihnachtszeit, fast wie in guten alten Zeiten.

Rot und Grün, sind die Weihnachtsfarben unserer Kindheit – breite Taftschleifen und vier rote Kerzen auf einem dicken Tannenkranz, dazu polierte Äpfel ... Wann wenn nicht jetzt, in den Tagen vor dem großen Fest, dürfen wir ein bisschen träumen, sentimental und noch einmal Kind sein? Vielleicht schmücken wir jetzt im Advent unser Haus wieder mit den klassischen Zutaten: Äpfel, Nüsse, roten Kerzen und Tannengrün – der Geruch von früher steigt in uns auf.

Natürlicher Charme

Sie haben nach einem langen Spaziergang die Freunde zu einem Glas Punsch am wärmenden Kaminfeuer eingeladen – sie bleiben spontan auch zum Essen: servieren Sie Bratäpfel als Nachtisch.

Verknotete Kiwischösslinge werden ganz locker zu einer Girlande verflochten – die Äpfel, Nüsse und Tannenzapfen werden einfach auf die dekorativ geschlungenen Ranken oder auf den Tisch gelegt

Weihnachten
steht vor der Tür

Sanftes Winterlicht, eine Schneelandschaft wie aus dem Bilderbuch – eine märchenhafte Kulisse, doch nicht immer bescheren uns die Wettergötter pünktlich zum Fest einen so idyllischen Anblick.

Luxuriöse Einfachheit – Dekorationen ohne viel Glitter, aber mit dem bestechenden Glanz der Natur. Kostbare Schleifen und edle Geschenkpapiere, die Dekorationen zum Fest der Feste werden immer aufwändiger – die vielleicht schönsten Zutaten schenkt uns die Natur.

Winterweiß

Warm und wohlig, wie die wolligen Decken, die wir schon vor Wochen wieder hervorgeholt haben – das wollweiße Strickzeug, das bei meiner Freundin Ria zufällig auf dem Sofa lag, hat mich zu warmen, winterweißen Inszenierungen inspiriert.
Pudriges Schneeweiß, die natürliche Farbe des Winters, muss nicht kühl und puristisch sein. Weiß hat viele Nuancen – mit feinem Grau, ein bisschen Silber und etwas Gold kann Weiß warm, farbig, angenehm zurückhaltend und natürlich edel wirken.

Stille Schönheit – strahlend schlicht: Anmutige Bescheidenheit und Lichterglanz, ein bisschen altmodisch, poetisch mit einer selbstverständlichen, natürlichen Eleganz – vielleicht entführt uns die verzauberte Schneekönigin für ein paar Augenblicke in die verwunschene Welt der Kindheit.

Ein *Frohes Fest*

Der Tag der Tage ist endlich da! In der Küche haben wir uns heute besonders viel Mühe gegeben – das opulente Festmahl ist vorbereitet, gleich werden wir mit lieben Menschen himmlisch speisen und angeregt feiern.
Für jeden Gang werden kleine, große, tiefe, flache Teller aus Glas, Porzellan, Keramik und Steingut frech kombiniert, die Platzteller aus grau patiniertem Blech sehen überraschend nobel aus – natürlich haben wir auch das edle Service und das ererbte Silber aus dem Schrank geholt.
Die festlich gedeckte Tafel wirkt fast wie eine kleine Winterlandschaft – viel Weiß wurde behutsam mit ein wenig Gold und Silber kombiniert, edle Gläser funkeln im Kerzenlicht, Teller, die aus verschiedenen Servicen stammen, harmonieren perfekt, dazu legen wir altes und neues Tafelsilber. Wir sind glänzender Stimmung, hier würden auch Engel gerne Platz nehmen ...

Weihnacht, ein himmlischer Anlass, zu dem wir verschwenderisch in glänzenden Stoffen und liebenswertem Kitsch schwelgen dürfen, in diesen Tagen bietet sich ein bisschen nostalgischer Glamour einfach an. Mischen Sie alte Stücke, erlesenes Kristall und Silberlöffel mit schlicht weißem Porzellan. Mattschimmernde Kugeln setzen subtile Akzente und nehmen dem winterweissen Ambiente die Kühle. Pudriges Grün, Silber und warme Grautöne, reduziert auf wenige stimmige Nuancen, setzen Akzente – achten Sie darauf, dass es nicht zu viele Muster werden, eine feine Damastdecke ist eine gute Basis.

Verträumte Details

Die Stoffservietten werden ganz nonchalant mit Silberringen zusammengefasst – vielleicht legen wir noch eine filigrane Ranke Asparagus und ein paar Perlen dazu.

Silbrig Weiß mit einem Hauch von Gold: Auf dem Tisch ruht eine kleine Winterlandschaft, wie mit Schnee überpudert – matt weiß gespritzte Artischocken und knorrige Zweige – die antiken Schälchen mit Goldrand funkeln im Kerzenlicht wie Sterne.

Winterschlaf der Natur

Winterweißes Wunderland

Der Januar bringt Eis und Schnee, und eine milchige Wintersonne verzaubert den Garten in eine frostige Idylle – die Tage werden schon wieder etwas länger, aber in der Natur steht das Leben still, auch für die ersten unerschrocken neugierigen Pflänzchen ist noch zu früh, um aufzuwachen. Zwiebeln und Knollen schlummern in der kalten Erde und drehen sich in ihrem weichen Bett aus Schnee noch einmal um, erst in ein paar Wochen werden Licht und Sonne sie aus ihrem Winterschlaf wecken.

Ein Wintermärchen – König Winter in seinem Mantel aus Eis herrscht im Winterwunderland, majestätisch bedeckt er die Welt mit seinem weißen Atem – nur seine Winterköniginnen, die Schneerosen strecken vorsichtig ihre Häupter aus, manche der kühlen Schönheiten haben, vom Frost angehaucht, zartrosa Wangen.

Die filigranen Silhouetten kahler Bäume wirken wie Scherenschnitte, kristallene Skulpturen, keine Farbe, kein Blatt, keine Blüte, keine Frucht lenkt von ihren fast abstrakten Formen und Strukturen ab. Die Schönheit der Natur kommt jetzt ganz pur zur Geltung.

Ungewöhnlich ...

Eine locker auseinander gezogene Spirale aus Eisendraht wird, zu einem Kreis geschlossen, im Handumdrehen zum vielseitig einsetzbaren Metallkranz. Dekorative Fundstücke und andere Schätze werden spielerisch in die Spirale eingearbeitet – Kerzen und in schlichte Wassergläser gesteckte Blüten, lassen dieses ungewöhnliche Objekt, passend zu Jahreszeit, immer wieder überraschend anders aussehen

Vergängliche Schönheit

Über Nacht ist Schnee gefallen … genießen wir die winterliche Pracht, vielleicht ist sie nur von kurzer Dauer.

Christrosen

Inspiriert durch ein im Herbst gefundenes Wespennest, entstand diese zauberhafte Komposition aus wenigen Blüten und Ranken, einfachste Zutaten aus der Natur.

Schöne Aussicht – Christrosen in kleinen Vasen.

Altes Holz und schroffe Rinde

Schöne Fundstücke sind kleine Kunstobjekte mit einer robusten Ausstrahlung, sie wirken fast wie eine moderne Skulptur. Diesen knorrigen Ast habe ich ganz in der Nähe bei einem Spaziergang im Wald gefunden.

Ein erster
Frühlingsgruß

Der satte Cotto-Ton der Tulpen bringt hoffnungsvolle Wärme in die noch so kalten Tage. Eine struppige Kugel im Federkleid, derbe Kränze und dekorativ gebündelte Zweige – eigenwillige Kreationen aus vermeintlichem Gartenabfall – kommen jetzt besonders gut zu Geltung.
Weiße Tulpen in schlichten Flaschen – wirkungsvoll mit einem knorrigen Ast kombiniert – wirken puristisch und stilvoll.

Und plötzlich sind sie da: die ersten Schneeglöckchen.

Ein Koffer voller Ferienträume

Schöne Erinnerungen

Februar – vier lange Wochen zwischen Winter und Frühling ... die Sehnsucht nach einem Ort, wo es immer Sommer ist, wird groß. Jetzt ist die richtige Zeit um ein bisschen in den Tag zu träumen.
Urlaubsträume – auch wenn es draußen noch ungemütlich nass und kalt ist, zaubern Sie doch ein bisschen Ferienstimmung ins Haus.

Der beim Wandern gefundene Herzstein, ein paar Muscheln vom Strand, die immer noch nicht angebrochene Flasche Ouzo aus Griechenland, all die gesammelten Schätze und weggeräumten Souvenirs. Nehmen Sie sich Muße und die Zeit, schon fast vergessene Erinnerungsstücke zu einem mediterranen Stillleben zu arrangieren, lassen Sie an kühlen Februartagen die warmen Erinnerungen an einen ganz besonderen Ort aufleben. Die seidig schimmernden Muscheln riechen nach Meer und der längst vertrocknete Olivenzweig atmet den Geist griechischer Inseln.

Wenn Steine erzählen könnten …

Vielleicht hat dieser besonders interessant gezeichnete Stein, den ich in Griechenland gefunden habe, schon die antiken Spiele miterlebt – das Stück Marmor habe ich aus der Nähe von Olympia mitgebracht.

Inselträume

Ein typisches Souvenir der griechischen Inseln sind fein gearbeitete Spitzen - decken – meine habe ich vor Jahren einer schwarz gekleideten Jaja (so heißen in Griechenland Großmütter) in einem Bergdörfchen abgekauft. Als Zeichen ihrer Gastfreundschaft überreichte sie mir eine Orange und eine wilde Orchidee. Die Decke wird mich immer an die herzliche Geste erinnern.

12
OUZO
12
OUZO
12

Muschelessen

am Nordseestrand

Träumen von unbeschwerten Ferientagen an der Nordsee: Dünen, Wolken, Wind, Ebbe und Flut, Kinder bauen Sandburgen, barfuß im Sand, unendliches Blau, die klare Farbe von Himmel und Wasser, weiße Segel und bunte Fischerboote, in der Ferne können wir die Ozeanriesen erahnen. Heute, an diesem noch so winterlichen Februartag riechen wir förmlich die Salzluft, wie von einer frischen Meeresprise angespült.

Und müssen wir uns vielleicht bis zum ersehnten Sonnenurlaub noch etwas gedulden – auch an unwirtlichen Februartagen können wir uns den Geruch und Geschmack der letzten Ferien auf den Teller zaubern. Laden sie nette Menschen zum Muschelessen ein, decken sie den Tisch himmelblau und fühlen Sie sich wieder wie am Meer ...

Miesmuschelschalen sind fast so unendlich wie das Meer – zum Wegwerfen doch viel zu schön! Sie werden malerisch in den kunstvoll verschlungenen Kranz aus biegsamen Ranken (von Knöterich oder Blauregen) gesteckt.

Sehnsuchtsziel

Toskana

Es sind oft Geruch und Geschmack, die wir mit einem ganz besonderen Ort verbinden – für mich ist das der intensive Geruch von Kaminfeuern an einem kühlen Wintertag in der sonst vom milden Mittelmeerklima so verwöhnten Toskana. Für viele der Inbegriff von Schönheit und Natürlichkeit, ein Paradies für Genießer. Eine Luft, wie Seide und eine unglaubliche Stille, wir wandern in der milchigen Februarsonne durch silbrig grüne Olivenhaine, eine ganz besondere, fast märchenhafte Hügellandschaft.
Das Sträßchen windet sich in einem leichten Bogen entlang einer majestätischen Zypressenallee zu einem verschlafenen Dörfchen hinauf. Von hier hat man eine umwerfende Aussicht – sanfte Hügel, verschlungene Wege mit ausladenden Pinien, uralte, mattgelbe, wehrhafte Mauern eines herrschaftlichen Landsitzes, terracottafarbene Bauernhäuser, unzählige Male gestrichene Haustüren und Sprossenläden.

Hier ist nichts gekünstelt, die Landschaft, die Dörfer und die Menschen, die in ihnen leben sind natürlich und pur – pur und ehrlich, wie ihre traditionelle Bauernküche, auf deren Weltruhm sie zurecht sehr stolz sind.

Ich hatte die Ehre und das große Vergnügen von unserer Freundin Adriana in ihre toskanische Küchengeheimnisse eingeweiht zu werden, mit einer herrlich bunt zusammengewürfelten Gesellschaft durfte ich so manchen langen Winterabend am riesigen Kamin ihrer Bauern - küche verbringen. Adriana wohnt in einem alten Bauernhaus mit dicken Mauern. Viel mehr Dekoratives braucht es nicht – ein bescheidenes Kränzchen aus Olivenzweigen und ein paar irdene Krüge, die Glasur der grün-weiß gesprenkelten Schalen heißt „macciato". Das markante Service stammt aus einer alten Töpfertradition, in den Keramikwerkstätten der Toskana wird es immer noch hergestellt.

Antipasti

- **Bruschette fatte casa**
  (geröstetes Bauernbrot nach Art des Hauses)
- **Insalata di arance e di finocchio**
  (Orangensalat mit Fenchel)

Primi

- **Ravioli di zucca**
  (Kürbisravioli)

Secondi

- **Involtini ripieni di carciofi**
  (Kleine mit Artischocken gefüllte Rouladen)
- **Coniglio al vino rosso**
  (Kaninchen in Rotwein)

Dolci

- **Cantuccini, Vin santo & Espresso**

Bruschette fatte casa

In Adrianas Küche gibt es eine riesige Feuerstelle mit der nicht nur geheizt, sondern auch gekocht und gebacken wird. Heute röstet sie darin dicke Scheiben Bauernbrot. Wenn sie schön knusprig sind, werden sie mit erst mit Knoblauch und dann mit einem Zweig frischen Rosmarin eingerieben, danach gibt Adriana einen nicht zu knapp bemessenen Löffel Olivenöl darauf.

Insalata di arance e di finocchio

Orangenscheiben ganz leicht salzen und mit erstklassigem Olivenöl beträufeln, etwas Pfeffer darüber mahlen und mit gehackten Frühlingszwiebeln bestreuen.
Eine gute halbe Stunde ziehen lassen und mit schwarzen Oliven und feingeschnittenem Fenchel servieren. Walnüsse geben dem frischen Salat eine winterliche Note.

Ravioli di zucca

Die Ravioli mit einer cremigen Masse aus Kürbis und Pinienkernen zu füllen macht etwas Arbeit – vor dem Servieren mit etwas zerlassener Butter übergießen und reichlich Parmesan darüber raspeln.

Toskanische Idylle

Passend zur Pasta hat Adriana den Tisch mit knorrigen Olivenästen und kleinen Kürbissen dekoriert – in die Servietten hat sie ein nach Sommer duftendes Rosmarinbündel gesteckt.

Geschenk fürs Feuer

Ein originelles Mitbringsel zu einem gemütlichen Abend am offenen Kamin: ein Kranz aus trockenen Zweigen und Zapfen.

Coniglio al vino rosso

Das Kaninchen wurde mit einem kräftigem Rotwein aus der nahen „fattoria“ verschwenderisch übergossen, Adriana gibt Wurzelgemüse, ein paar Lorbeerblätter, Knoblauch und reichlich Rosmarin dazu – die schwarze Kasserolle verschwindet im Ofen und füllt die Küche mit mediterranen Düften.

la dolce vita

Eine einfach köstliche Art, die hart gebackenen Cantuccini zu erweichen – sie werden ganz einfach eine Minute in den edlen „Vin santo“ getunkt.

Die Natur erwacht

Endlich Frühling

Wie haben wir sein Erwachen herbeigesehnt! Eben war noch alles winterweiß, grau in grau und feuchtkalt – jetzt das alljährliche Wunder: Innerhalb weniger Tage überzieht zartes Grün Sträucher, Bäume und Beete, die ersten Farbtupfen machen auf sich aufmerksam, die Vögel singen – der Frühling ist da!

Weit geöffnete Fenster lassen die Natur ein – ein mildes Frühlingslüftchen weht durchs Haus, es riecht nach warmer Erde und zarten Blüten. Kaum können wir es erwarten, die ersten Töpfe aus dem Winterquartier hinaus zu bringen. Wir spüren, wie die Sonne von Tag zu Tag wärmer wird.

Sanfte Farben, freundlich gefiltertes Licht – unbändige Lust, die neuen Farben, die wiedererwachte Natur für frühlingsfrische Dekorationen einzufangen überkommt uns! Frühlingsgefühle und übermütige Lebensfreude ... wir könnten die ganze Welt umarmen!

Guten Morgen,
Blümchen

Frühlingsboten überall, Primeln in allen Farben und andere Frühlingsblüher erfreuen Herz und Seele – wir können es kaum erwarten, Schalen, Kübel, Töpfe zu füllen und endlich wieder Erde zwischen den Fingern zu spüren.

Ein Sammelsurium blauer Flaschen, Gläser und Vasen – die ersten Blümchen laden uns frühlingsmunter dazu ein, mit fein abgestimmten Blautönen zu spielen. Farbenfroh, doch noch etwas schüchtern und rührend bescheiden sind sie. Manche haben kleine Gesichter, wirken jedoch umso größer.

Natürlich wirkende Frühlingssträuße

Es ist ganz leicht, vertraute Blumen und Blüten auf ungewöhnliche Weise zu kombinieren – versuchen Sie doch einmal, ein paar knorrige Zweige ganz einfach mit in der Vase noch wachsenden Tulpen zu verbinden. Die vom Waldspaziergang mitgebrachten Zweige lassen die kultivierten Tulpenblüten lebendiger und natürlicher wirken.

Wenn die *Osterglocken* läuten

Symphonie des Frühlings

Narzissen, leuchtend gelb wie ein Sonnenstrahl, läuten endgültig den Frühling ein. Mit seinem Beginn steht das erste große Fest im Jahres - reigen vor der Tür: Ostern. Und Osterglocken und Ostern gehören schon immer untrennbar zusammen.

Seit Tagen wird gebacken, gebastelt, dekoriert – Eier werden gefärbt oder behalten ihren natürlichen Charme. Ausgeblasen werden sie von den Kindern bemalt oder mit zarten Federchen und anderen Kleinigkeiten liebevoll verziert. Die ersten Frühlingsboten aus dem Garten oder dem nahen Wald werden für den großen Tag mit Fundstücken und natürlichen Materialien zu zauberhaft, leichten Dekorationen vermählt.

Am Ostermorgen suchen kleine und große Kinder die gut versteckten Ostereier auf der Wiese im Garten. Aufgeregt finden sie im moosigen Gras kleine Geschenke, natürlich verpackt! Zum späten Osterfrühstück sind auch die besten Freunde herzlich eingeladen, der große Familientisch wird mit Liebe je nach Geschmack natürlich-edel oder frühlingsfrisch-bunt gedeckt.

Natürlicher Tischschmuck

Stoffservietten werden mit Bast oder einer schönen Schnur umwickelt, ein paar Blüten dazu – im Handumdrehen zaubern Sie einen ganz besonderen Serviettenring für den Ostertisch.

Die Liebe steckt im Detail

Die ersten Gänseblümchen: Sie machen das grüne Kressesüppchen besonders fein und frühlingshaft festlich – im wirkungsvollen Kontrast dazu, das aus Birkenzweigen gedrehte Osternestchen.

Ein Fest auf der Wiese

Sonnige Glücksmomente im irdischen Paradies

Ein strahlend blauer Bilderbuchtag im Mai, die Luft duftet verführerisch nach frischem Gras und Apfelblüten, man kann den nahen Sommer förmlich riechen. Nichts wie raus, wir wollen heute das gute Wetter feiern.

Schon früh radeln wir auf einem Holperweg zum kleinen See, vorbei an zartrosa gefärbten Obstbäumen und üppig blühenden Löwenzahnwiesen, Wolken von duftigem, weißen Wiesenkerbel begleiten uns – so überwältigend frühlingshaft, wie der Schönwetterwolkenhimmel.

Es ist Genuss pur, endlich wieder draußen zu sein, frische Luft zu tanken – und natürlich darf bei unserer Landpartie der gut gefüllte Picknickkorb nicht fehlen. Was braucht der Mensch mehr, um glücklich zu sein? Gutgelaunt und inzwischen schon ziemlich hungrig und durstig packen wir am kleinen See unsere Leckerbissen aus, schlemmen und genießen, liegen im Gras und träumen ins Blaue oder lassen am Bootssteg die Beine und die Seele baumeln.

Erinnerungen an unsere Kindheit werden wach, an endlose Spiele, barfuß im feuchten Gras, an Omas Holundermarmelade und Rhabarbersaft und an selbstgepflückte Wiesensträuße zum Muttertag.

Eine Landpartie mit Freunden

Eine laue Sommerbrise, im Obstgarten duftet es nach frischgebackenem Brot – es ist Sonntag, und die Sonne macht ihrem Namenstag alle Ehre. Es ist herrlich, einfach draußen zu sein. Wir werden mit netten Menschen unbeschwert feiern, ausgiebig tafeln, und zusammen das Leben genießen.

Schnell sind ein paar Biertische zu einer langen Tafel zusammengeschoben, sie werden schwungvoll unter großkarierten, bodenlangen Leinendecken versteckt – im Handumdrehen wird ein charmantes Sammelsurium von bequemen Korbstühlen und wackeligen Hockern verteilt, und schon lädt uns die ungezwungen gedeckte Festtafel zum Schlemmen und Genießen ein.
Die filigranen Stängel des Wiesenkerbel werden mit einer dicken Schnur und ein paar Gräsern zum Serviettenring gebunden. Schöne Steine werden beschriftet und zum Messerbänkchen umfunktioniert.

Einmachgläser kann man nie genug haben

Die Töchter des Hauses sind schon seit Tagen aufgeregt – eifrig und mit hochroten Wangen verteilen sie die am Morgen gepflückten Wiesensträußchen auf zahlreiche Einmachgläser. Diese perfekten Vasen für die ländliche Tafel haben sie gestern in einem verstaubten Kellerregal entdeckt. Auch Messer und Gabeln sind darin übersichtlich aufgehoben.

Duftige Wiesenblümchen, und dazu ein weißes Spitzenkleid, die Mädchen haben sich heute ganz besonders fein gemacht – die schönsten Blüten hat die Größte der kleinen Schwester in die Zöpfchen geflochten, den Margaritenring hat Imke sich ganz alleine ausgedacht ...

Der Duft von früher kehrt einen Moment lang wieder zurück. Tante Friederikes süßes Maiglöckchenparfüm – Nostalgie umarmt mich an meinem Lieblingsplatz für gestohlene Mußestunden, ein bisschen Kitsch ist im Wonnemonat Mai erlaubt.

VEILING

Frühling am Fensterbrett

Für eine Frühlingswiese brauchen Sie nicht unbedingt einen großen Garten! Nehmen sie sich an einem sonnigen Nachmittag im Mai eine kleine Pause vom Alltag, gehen sie spazieren, schnuppern Sie frische Landluft und ... pflücken Sie himmelblaue Vergissmeinnicht, rosa Storchenschnabel, lila Wiesensalbei und dunkelvioletten Günsel ...

Rhabarber und Holunderblüten

Ein raffiniert gemischter Aperitif – der perfekte Auftakt für durstige Gäste. Wie wäre es mit einem Schuss Rhababerlikör im Prosecco? Oder einem Glas moussierender Holunderblutenlimonade, mit Zuckerrand und Erdbeerranken wirkungsvoll dekoriert?
Wir können Rhabarber auch zu einem feinen Kompott verkochen, einen erfrischenden Saft bereiten, ihn ganz raffiniert als erfrischendes, kaltes Süppchen oder wunderbaren Kuchen mit Baiserhaube servieren.

Nicht nur die Stängel von Rhabarber sind vielseitig verwertbar, auch seine imposanten Blätter mit ihren markanten Nerven sind äußerst dekorativ.

Rosenrote Sommerträume

Zeitlose Rosenpoesie

Rosen, das ewige Symbol unvergänglicher Liebe und Leidenschaft – Poesie und romantische Gefühle kommen in uns auf. Unverblümt und gar nicht altmodisch offenbart der Rosenkavalier noch heute der Dame seines Herzens die aufs Heftigste entbrannten Gefühle. Galant und eindeutig lässt er der Angebeteten sein sehnsüchtiges Verlangen von der Königin unter den Blumen zuflüstern – rote Rosen sind die Liebeserklärung, die keine Worte braucht – doch Vorsicht, Rosen haben Stacheln.

Vielleicht wurde so mancher heimliche Poet nicht nur von der Muse, sondern von einer stacheligen Rose wach geküsst – Märchen, Liebesgeschichten und Gedichte schwärmen von ihrem unwiderstehlichen Reiz und stolzer Anmut. Für sinnlich verträumte Maler sind ihre üppigen Formen und hinreißenden Farben eine nie versiegende Quelle der Inspiration – Lebenslust und Schönheit pur.

Manche Rosen haben Allüren, andere wiederum sind rührend bescheiden. Vielleicht sind sie deshalb ganz unbestritten unsere Lieblingsblumen – ihre zartweißen Knospen verbinden wir mit Reinheit und Unschuld. Die anmutig Rosaroten mit ihren duftigen Blütenröckchen kommen eher ein wenig flatterhaft daher, manche klettern sogar in den Himmel. Majestätisch dagegen schreitet ihre stolze Schwester mit den rotsamtigen Blättern und ihrem betörenden Duft auf die sommerliche Bühne, sie ist eine echte Diva, ein Superstar – im Juni hat sie ihren großen Auftritt.

Ein ganz besonderer Duft

Zwiebeln und Knoblauch werden schon seit 5000 Jahren kultiviert und waren in der Antike nicht nur ein Symbol für Fruchtbarkeit, sondern auch für Reichtum. Im alten Ägypten wurden Zwiebeln den Göttern geopfert und sogar als Zahlungsmittel benutzt.
Auch die Griechen und Römer schätzten die geheimnisvollen Knollen, sie waren Heilmittel und stärkten die Manneskraft – am ersten Mai werden in Griechenland auch heute noch Knoblauch oder eine Zwiebel, und natürlich die ersten Rosen in Blumenkränze geflochten, sie werden bis Johanni an der Haustüre aufgehängt, und dann in einem Freudenfeuer verbrannt.

Locker arrangiert

Duftige Rosen und ein paar Stängel filigranes Spargelkraut – die knallrosa Blecheimer wurden kurzerhand an einem verrosteten Baugitter aufgehängt.

Für mich soll's rosa Rosen regnen

Ein fast theatralischer Farbkontrast – verteilt in mehrere farblich abgestimmte Vasen wirkt die verschwenderische Fülle der rosaroten Freilandrosen noch intensiver.

Rosen und ihre Schwestern

Wer ist die Schönste im ganzen Land? Keine Frage, im Mai ist das ganz unbestritten die imposante Pfingstrose – die eigentliche Königin unter den Blumen wird jetzt im Juni von ihrer schönen Bauernschwester begrüßt.

Schwesternliebe

Einträchtig duften pralle Pfingst- und zartgelbe Kletterrosen mit betörendem Jasmin um die Wette.

Sommerliche Tafelromantik

Der Geruch des Südens – der grob geschlungene Kranz sieht immer wieder anders aus. Eine einladende Tischdekoration für den langen Sommerabend, ländlich und ein bisschen mediterran: ganz locker werden einzelne Rosenblüten, duftende Kräuter, Salbei, Rosmarin und pralle Knoblauchknollen zwischen das frische Grün des Frauenmantels gesteckt. Lammkeule und Rosmarinkartoffeln sind im Ofen, die Gäste können kommen.

Miriams Rosenküsschen

Das sehr steif geschlagene Eiweiß mit reichlich Rosenlikör vermischen, den Zucker unterheben und die schaumige Masse löffelweise vorsichtig auf ein Backblech geben. Die Küsschen bei niedriger Hitze zwanzig Minuten trocknen lassen und dann mit etwas Rosenwasser und mit einem Hauch Speisefarbe verrührtem Puderzucker malerisch bepinseln.

„ ... Einen solchen Feldblumenstrauß möchte ich einmal malen, wie meine Mutter ihn gerne hatte: Skabiosen und Schafgarbe und kleine rosa Winden, dazwischen ein paar feine Gräser und eine grüne Haferähre gesteckt.
Die weißen Schafgarben gefielen ihr zum Beispiel nicht, sie nahm nur die feinen, mit einem Anflug von Lila, und sie wählte einen halben Nachmittag zwischen tausend Gräsern, ehe sie sich für eines entschied ...“
(Herman Hesse, *Rosshalde*)

Skabiosen habe ich nicht gefunden, ich habe einfach Kornblumen genommen. Am besten kommen Feld-, Wald-, und Wiesensträuße in bauchigen Kannen und Krügen zur Geltung. So als wären sie nur kurz, und ganz zufällig abgestellt worden.

Sommerhimmel

Auch die ersten Hortensien öffnen ihre Blüten, so strahlend blau, wie der Himmel, in den die duftig weißen Rosen gerne klettern – beide blühen um die Wette bis in den Herbst hinein.

Die Blaue Stunde im grünen Salon

Den Sommer genießen

Nicht nur Sonnenanbeter würden am liebsten den ganzen Sommer lang draußen leben! Die verstaubte Gartenlaube, das schon lange nicht mehr benutzte Gewächshaus, ein ziemlich unscheinbarer Raum wird zum idealen Gartenzimmer – ein schöner Platz für ein Dinner im Grünen, ein herrlicher Ort, um mit Freunden in langen Gesprächen die Zeit zu vergessen – eine Oase der Ruhe, ein traumhafter Rückzugsort für unsere manchmal gestresste Seele. Nichts wie raus in den grünen Salon!
Wer weiß, vielleicht ist in diesem Freiluftzimmer sogar genügend Platz für ein kleines Sofa mit Streifenbezügen oder ein Eisenbett mit romantischen Rosenkissen für den wohlverdienten Mittagsschlaf ...

Vielleicht wird das improvisierte Gartenzimmer auch zum luftigen Sommeratelier, zum natürlichen Dreh- und Angelpunkt der zwar notwendigen, aber auch entspannend-kreativen Gartenaktivitäten – ein gelungener Spagat zwischen Spaten und Gummistiefeln, Samentütchen, Staffelei und Rotweinglas.

Auch in der kühleren Jahreszeit ist der nonchalant benutzte Sommersitz unentbehrlich – frostempfindliche Kübelpflanzen und die geflochtenen Gartenmöbel können hier überwintern: ein geselliges Durcheinander, in dem wir alleine oder mit Freunden vielleicht noch so manche Blaue Stunde bis in den späten Sommer genießen.

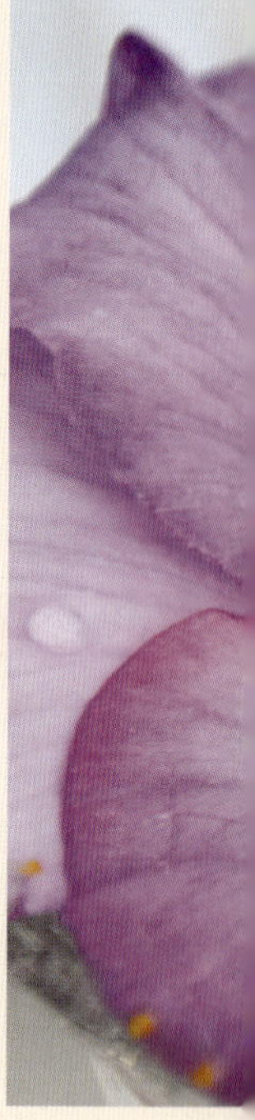

Sommernachtstraum

Die vielleicht schönsten Momente eines langen Sommers: mit lieben Freuden noch lange draußen sitzen, den schwülen Abend mit einer erfrischenden Bowle im schönen Schein von schlichten, mit Kieselsteinen gefüllten Windlichtern zu genießen – diese Stunden könnten ewig dauern, am liebsten wollten wir in so einer Nacht überhaupt nicht mehr ins Bett gehen.

Spannungsreiches Formenspiel: Wilde Pastinake, mein Lieblingskraut, blüht ab Mitte Juli am Wegesrand. Sie hat kräftige Stängel und filigrane Blütendolden mit grafischer Wirkung.

Lavendel
– so riecht die Provence

Der Urlaub ist leider vorbei – mit großen Töpfen voll Lavendel holen wir uns den Charme Südfrankreichs auf die Terrasse. Die Jeu des Boules-Kugeln haben wir aus der Provence mitgebracht, ein glänzender Blickfang.

Jakobsmuscheln mit Lavendelmayonaise lassen uns schlemmen wie Gott in Frankreich.

Essig und Öl aus dem Süden

Verstecken Sie das aus Griechenland mitgebrachte Olivenöl und den edlen Balsamico aus Italien nicht im Küchenschrank – arrangieren sie Essig und Öl in formschönen Flaschen. Mit diesem zitronenfrischen Stillleben zaubern Sie sich mediterranes Flair in den Alltag.

Die leichte Sommerküche

Was wären ihre sonnigen Rezepte ohne frische Kräuter? Jeder liebt den intensiven Duft von Rosmarin, den würzigen Geschmack von Salbei, Thymian, Majoran, Oregano, die leichte Schärfe von Schnittlauch und das kräftige Aroma der Pfefferminze. Mit Basilikum, Knoblauch und goldgelbem Olivenöl, das wir sorgfältig auf die sonnenwarmen Tomaten träufeln, holen wir uns den Hauch des Südens nachhause.

Lazy days

Alle Viere von sich strecken und die Gedanken in den blauen Sommerhimmel schicken – stellen Sie Ihren Liegestuhl in die Nähe von duftenden Blumen und Kräutern.

Ringelblumen, Korianderblüten, Kapuzinerkresse und die blauen Blüten des Gurkenkrauts sind essbar und werden malerisch auf einem großen Salatteller verteilt – zum Genießen fast zu schade.

Zum Aufessen schön: Ein duftendes Durcheinander von Blumen, Kräutern, Gemüse und Salaten kommt erntefrisch auf den Tisch – ein essbarer Bauerngarten wie im Bilderbuch.

Zum Anbeißen: Girlande aus knackigen Radieschen und Möhren

Ein Sonnentag geht zu Ende, die Hortensien sind gegossen – die kleine Auszeit ist wohl verdient. Setzten Sie sich in Ihren Lieblingssessel und geniessen Sie die Dämmerstunde mit schönen Gedanken und einem guten Glas Wein – eine stille Insel inmitten von schlichten, mit Kieselsteinen gefüllten Windlichtern. Am liebsten möchte man gar nicht mehr aufstehen.

Die *Muschelsucher*

Sonne, Strand, ein Haus am Meer …

… wenigstens ein paar Urlaubswochen lang wollen wir uns diesen Traum erfüllen. Dünen, Wind, Sand, Ebbe und Flut – zweimal am Tag wirft das Meer neue Kostbarkeiten an den Strand – Muscheln, Steine, Treibholz, Seetang, Taue.

Leidenschaftliche Strandgutjäger sind nach jedem Sturm schon früh am Strand zu finden, zu einer Stunde, wo ihnen das Meer und seine angespülten Schätze noch ganz alleine gehören. Die echten Kenner haben zum Sammeln ihrer sandigen Beute ein feinmaschiges Netz mitgebracht. Immer wieder aufs Neue begeistert, begeben sie sich auf die aufregende Schatzsuche zwischen Sand und Steinen, neugierig darauf, was ihnen die raue See heute wohl mitgebracht hat.

Auch länger schlafende Ferienträumer gehen gerne am Strand spazieren, denn für große und kleine Kinder ist es spannend, mit offenen Augen an der Schaumkrone der letzten Wellen entlang zu streunen. Wer suchet, der findet! Wirkliche Prunkstücke – Treibholz, Muscheln, Krabben, Federn, Schneckenhäuser, von Sand und Salz glattgeschliffene Glasscherben – wollen von uns aufgesammelt werden.

Muschelkranz

In einen grob geschlungen Kranz wird ein malerisches Sammelsurium von Fundstücken, Federn, Austernschalen, Herz- und Jakobsmuscheln – an der französischen Atlantikküste gefundene Prachtexemplare – gesteckt. Ein prosaisch blaues Plastiktau hält dieses Schmuckstück stilvoll zusammen.

Ein angeschwemmtes Knäuel Plastikschnur und schon hat Imke ihre Schätze – kleine Muscheln, Federn und natürlich den in einen Haifischzahn „verzauberten“, schwarzen Stein – kunstvoll an einem Stück Treibholz aufgehängt.

Pickwick
am Strand

Blauer Himmel, türkisfarbenes Meer – eine malerische Kulisse für herrlich unbeschwerte Stunden. (M)ein Inseltraum, von Wind und Wellen bildschön eingerahmt …

Souvenirs aus dem Meer

Nach einem erfüllten Urlaub sind wir nachhause zurückgekehrt. Sofort beginnen wir, uns für die vielen kostbaren Erinnerungsstücke einen würdigen Platz, passende Partner oder eine neue Verwendung zu überlegen. Für vermeintlich nutzlose Dinge doch noch eine brauchbare Funktion zu finden, regt immer wieder die Fantasie an – es macht Spaß, mit Objekten zu spielen, die der Zufall entstehen ließ.

Land in Sicht: Nach einem langen Flug ist dieser schön geschwungene Vogel, in einem Stillleben von Muscheln, Tauen und Treibholz gelandet.

Der Spiralkranz wird großzügig mit Muscheln, Schneckenhäusern und Federn verziert. Vielleicht stellen Sie an einem schönen Sommerabend noch ein paar Gläser mit Kerzen, kleine Windlichter, hinein – träumen Sie sich die sanfte Meeresbrise einfach dazu ...

Strandgut – von Poseidon persönlich poliert

Das interessantes Stück Treibholz – vermutlich von einem Schiff verloren – habe ich mit ganz einfachen Mitteln, ein paar Haken und Nägeln, in eine Garderobe verwandelt – ein markantes Stück, das Geschichten vom Meer und einem malerischen Fischerdörfchen erzählt.

Dieselbe Bühne, ein anderer Auftritt: ein unscheinbarer Flur hat sich stadtfein gemacht ...

Bildschön

Es muss nicht immer das auffallende Prachtstück sein, meist verbirgt sich eine stille, echte Schönheit eher im Einfachen. Naturschönheiten – die zarten Pastelltöne duftiger Blüten und schön gezeichnete Blätter, die Klarheit von Wasser, von Wind und Wellen rund geschliffenen Steinen ...

Die in einer stillen Bucht in Irland gefundene Jakobsmuschel war das erste, eher bescheidene Schmuckstück einer kleinen Sammlung, der nach jeder Reise natürlich noch viele, auch geradezu exotisch schimmernde Schönheiten folgten. Manche verstecken den eigentlichen Schatz – seidig glänzendes Perlmutt – raffiniert in ihrem Innern.
Es ist immer wieder spannend, den besonderen Zauber vermeintlich unscheinbarer Dinge zu entdecken, und den kleinen Kostbarkeiten ein neues Leben einzuhauchen, unserem Einfallsreichtum sind keine Grenzen gesetzt.

Und, ehe man sich's versieht, wird das Sammeln der kleinen Wunder aus der Natur zur Sammelleidenschaft – Süchtige kommen da schnell ins Schwärmen ...
Natürlich bekommen die Lieblingsstücke einen Ehrenplatz auf dem modernen Sideboard oder auf einer charmanten Kommode, es sind oft die Kleinigkeiten, an denen unser Herz hängt.

Ein Haus voller Stillleben – Fundstücke aus der Natur werden ganz unkompliziert mit originellen, eigenwilligen oder besonders liebenswerten Objekten vermischt, ganz persönliche Inszenierungen, die auch eine Stadtwohnung herzerfrischend beleben.

Einfach bildschön!

Danke

Was für eine Herausforderung, ein Buch über natürliche Dekorationen zu entwerfen und umzusetzen! Die aufregend neue Erfahrung, ein Buch zu schreiben, war und ist für mich voller Glücksmomente, doch die Arbeit daran war, zugegeben, manchmal eine nicht ganz einfache Aufgabe. Mein Spaziergang durch die Jahreszeiten hat mir viel Freude gemacht, ich habe überraschende Seiten an mir entdeckt, von deren Existenz ich bisher nichts ahnte.

Nicola van Ravenstein hat mich schon in der Anfangsphase begeistert darin bestärkt, den Schwerpunkt nicht allzusehr auf die Beschreibung der Dekorationen, sondern auf die Fotografie zu legen: meine Bilder sollen inspirieren, sie erzählen die Geschichte. Ihre Sichtweise gab 'unserem Buchprojekt' eine neue Dimension. Mit viel Liebe, Geduld und kreativem Einfühlungsvermögen hat sie meinen Inszenierungen den passenden Rahmen gegeben – ein seltener Glücksfall.

Unser beschauliches Landleben, die Streifzüge durch ein nahes, noch ziemlich heiles Fleckchen holländischer Natur, die üppigen Gärten lieber Freunde, in denen ich nach Herzenslust pflücken und ernten durfte, die vielen Türen zu Häusern, die sich für mich ganz selbstverständlich öffneten – unzählige Schränke und Kommoden, aus deren über Jahre angesammeltem Fundus ich mich ganz einfach bedienen konnte – glückliche Lebensumstände, ohne die eine Realisation dieses Buchprojektes nicht möglich gewesen wäre.

Ich danke allen daran Beteiligten und natürlich ganz besonders Toon und Annie, für die Hilfe und die Stimulanz in überglücklichen und auch schwierigeren Momenten, vor allem aber für ihre warme Freundschaft – schliesslich hat uns dieses Buch wieder für längere Zeit zusammengebracht, was bei unseren vollen Terminkalendern sehr kostbar war. Endlich nahmen wir uns einmal wieder die Zeit für ein längeres Gespräch, ein gemeinsames Essen und ein, zwei Gläschen Wein ... Danke!

danke

Bildquellen:
Umschlag und Inhalt: **Conny Scheck**

Impressum

Sturzgasse 1A, A-1140 Wien, E-Mail: buch@avbuch.at, Internet: www.avbuch.at

Deutsche Nationalbibliothek – CIP-Einheitsaufnahme
Die Deutsche Nationalbibliothek verzeichnet diese Publikation in der Deutschen Nationalbibliografie; detaillierte bibliografische Daten sind im Internet über http://dnb.ddb.de abrufbar.

Projektleitung: Brigitte Millan-Ruiz, avBUCH Wien
Layout/Umschlag/Satz/Bildreproduktion: Ravenstein und Partner, Verden
Druck und Bindung: Westermann Druck, Zwickau

Printed in Germany

ISBN 978-3-7040-2416-9